AF467670

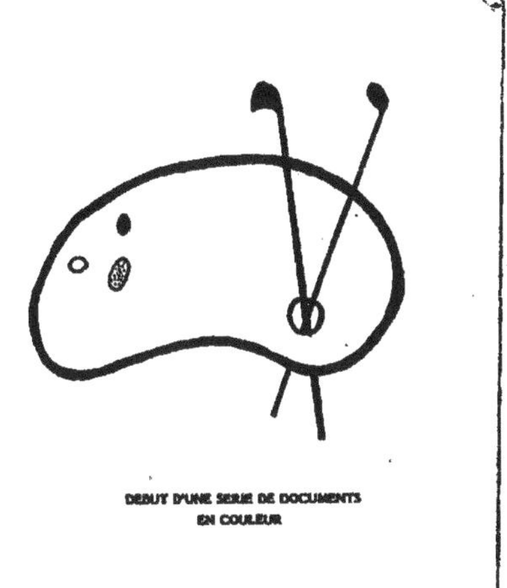
DEBUT D'UNE SERIE DE DOCUMENTS
EN COULEUR

Couvertures supérieure et inférieure
illisibles

8° R
14946
(405)

LITURGIE

Amédée GASTOUÉ

NOËL

Abrégé de l'Évangile Médité

pour toute l'année,

[illegible] DUQUESNE

[illegible] l'abbé DURAND

[illegible] 10 fr. [illegible] 10 fr. 60 ; *franco* [illegible] 10 fr. 85

[illegible] Série [illegible]

[illegible] Prix [illegible] 2 fr. 50 ; *franco* [illegible] 2 fr. 75

[illegible] Série : *[illegible] et Miracles de Jésus-Christ.*

[illegible] Prix de chaque volume [illegible] 2 fr. 50

franco [illegible] 2 fr. 75

[illegible] Série : *Passion et Résurrection du Sauveur.*

[illegible] Prix : 2 fr. 50 ; *franco* [illegible] 2 fr. 75

L'Évangile est le livre [illegible] par excellence, puisqu'il [illegible] nous faisant connaître Notre-Seigneur Jésus-Christ [illegible] à l'aimer, [illegible] Mais pour que l'Évangile produise [illegible] des effets salutaires, il ne [illegible] le méditer, en pénétrer le [illegible] suivant les ins- [illegible]

[illegible]

[illegible] au texte [illegible].

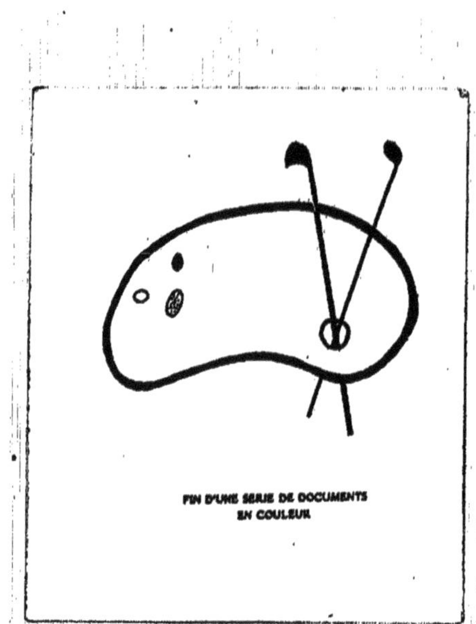
FIN D'UNE SERIE DE DOCUMENTS
EN COULEUR

NOËL

8°R
14946 (405)

MÊME COLLECTION

Baudot (J.). — **Le Bréviaire romain.** *Son origine et son histoire* (409-410) .... 2 vol.

Breton (Abbé), supérieur du petit séminaire de Brive. — **La Messe.** *Étude philosophique et théologique.* 2e édition (307) .... 1 vol.

Ermoni. — **Les Origines de l'Épiscopat.** 4e édition (203) .... 1 vol.

Du même auteur. — **La Primauté de l'évêque de Rome dans les trois premiers siècles.** 3e édition (244). 1 vol.

Du même auteur. — *Histoire du Credo.* — **Le Symbole des Apôtres.** 2e édition (248) .... 1 vol.

Du même auteur. — **L'Agape dans l'Église primitive.** 2e édition (273) .... 1 vol.

Du même auteur. — **L'Eucharistie dans l'Eglise primitive.** 2e édition (290) .... 1 vol.

Du même auteur — **Le Baptême dans l'Eglise primitive** (298) .... 1 vol.

Moussard (Abbé), Chanoine de la Métropole de Besançon. — **Apologie du culte catholique.** 2e édition (211). 1 vol.

Saubin (A.). — **Symbolisme du Culte catholique.** 3e édition (212) .... 1 vol.

Vacandard (E.). — **La Pénitence publique dans l'Eglise primitive.** 5e édition (223) .... 1 vol.

Du même auteur. — **La Confession sacramentelle dans la primitive Eglise.** 5e édition (224) .... 1 vol.

LITURGIE

NOËL

PAR

Amédée GASTOUÉ

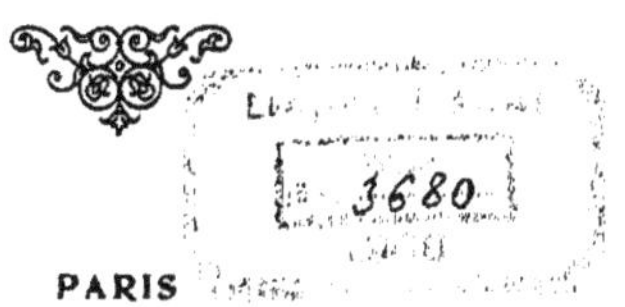

PARIS
LIBRAIRIE BLOUD & Cie
4, rue Madame, 4
1907
Reproduction et Traduction interdites.

NOËL

I

ORIGINES ET OBJET DE LA FÊTE

Noël ! la plus populaire et la plus joyeuse des fêtes chrétiennes ; la fête des humbles et des petits ; des enfants et des bergers ; la fête pastorale où toutes les églises, tous les foyers, retentissent de chants ; le jour, comme dit la liturgie, où « les choses célestes se joignent aux terrestres » ; le jour enfin où nous célébrons, à travers tant de siècles, l'apparition de Jésus sur la terre.

Est-ce à dire cependant que la date du 25 décembre soit le *dies natalis*, l'anniversaire réel du Sauveur ? Et faut-il chercher également dans la date du 6 janvier celle des mystères commémorés en cette fête ?

A voir Noël fixé, depuis une très lointaine époque, au 25 décembre, ignorants et savants en ont voulu conclure que Notre Sauveur était né à pareil jour, et, devant la date du 6 janvier pour la solennité de l'Épiphanie, on a cru vulgairement que l'adoration de l'enfant par les Mages ou son baptême par le Précurseur avaient eu lieu à la même date.

En réalité, nous n'en savons rien : une seule source est utilisable en cette matière : les Évangiles. Or, pas plus que leurs contemporains, les scribes inspirés n'ont éprouvé le besoin d'une chronologie fixe, et ils n'ont point cherché à recueillir les dates précises des faits qu'ils racontent.

Ouvrons en effet saint Matthieu ; qu'y lisons-nous ? Après le récit de la découverte faite par saint Joseph de la grossesse de Marie, alors sa fiancée, et de l'apparition de l'ange qui lui explique le mystère divin, l'écrivain sacré ajoute seulement : « Et il ne l'avait pas connue lorsqu'elle eut mis au monde son fils premier-né, qu'on nomma Jésus. Jésus étant donc né à Bethléem de Juda, aux jours du roi Hérode, voici que des Mages vinrent d'Orient à Jérusalem. » (I, 25, II, 1.)

Saint Luc, l'autre évangéliste qui nous parle de la naissance de Jésus, est plus explicite. Il a voulu en connaître tous les détails, il a puisé à une source plus ancienne, et s'est informé de tout ce qu'on disait sur cet événement : peut-être la mère elle-même de Jésus fut-elle consultée par le narrateur. Or, voici son récit, pour ce qui nous intéresse :

« Il arriva en ces jours-là qu'il parut un édit de César Auguste, pour qu'on fît le dénombrement de toute la terre. Ce premier dénombrement fut fait par Cyrinus, qui gouvernait en Syrie. Et tous allaient se faire enregistrer, chacun dans sa cité. Joseph aussi partit de la cité de Nazareth en Galilée, à la cité de David en Judée, que l'on nomme Bethléem, parce qu'il était de la maison et de la famille de David, pour se faire enregistrer avec Marie, qui était enceinte. Or il arriva, comme ils étaient là, que les jours furent accomplis où elle devait accoucher. Et elle enfanta son fils premier-né, et l'enveloppa de langes, et le coucha dans une crèche, parce qu'il n'y avait pas de place pour eux dans le caravansérail. » (II, 1-8.)

Voilà quels sont les seuls éléments que nous possédons pour fixer le moment de la naissance du Christ; on ne saurait en conclure qu'une chose : il naquit pendant le règne d'Hérode, roi titulaire de la Judée conquise par les Romains, au cours des démarches requises par un dénombrement ordonné par l'empereur Auguste, et exécuté par un fonctionnaire du nom de Cyrinus (ou mieux Publicius Sulpicius Quirinius), qui gouvernait au nom de l'empereur en Syrie.

Si nous savions exactement en quelle année fut ordonné ce recensement, ou en quelle qualité ce fonctionnaire le fit, il pourrait être assez facile de fixer l'année où Jésus vint au monde. Mais les archives de cette époque reculée sont détruites, et il ne nous reste, dans les historiens, ou les inscriptions des monuments ruinés, que des renseignements incomplets.

Cependant nous savons de source certaine que

Quirinius, qui devint gouverneur de Syrie seulement après la mort d'Hérode, y était précédemment légat de l'empereur pour les affaires extérieures, et commandait l'armée romaine occupant cette province (1). De plus, on sait que les royaumes alliés ou tributaires de Rome, non seulement étaient soumis aux recensements généraux de tout l'empire, mais encore à des dénombrements périodiques, nommés *apographai*, du terme même employé par saint Luc dans son récit original (2).

Tels sont les documents que nous avons sur l'époque de la naissance de Notre-Seigneur : on voit qu'ils laissent place à une certaine indécision, quant à la fixation de l'année de ce grand événement.

L'année de la naissance de Jésus.

Mais la même incertitude, que des incrédules nous reprochent pour les faits de l'histoire sacrée, existe dans l'histoire profane contemporaine.

Ainsi, par exemple, semble-t-il que nous soyons certains des années où l'empereur Auguste, ou bien Tibère, est monté sur le trône, ou du moment que le second fut associé à l'empire du premier? Ce sont là des faits de première importance pour l'histoire romaine. Cependant, tout ce qu'on peut dire, sur les dates auxquelles ils ont eu lieu, ne repose que sur des supputa-

(1) Josèphe, *Antiq. Jud.*, XVII, 1, 2 ; Tacite, *Annales*, III, 48, et les *Fastes* ; inscription du musée de Latran, etc.

(2) Cf. Bonaccorsi, *Noël*, pages 7 et 8, avec l'indication des sources originales.

tions. Nous pouvons seulement affirmer dans l'état des documents : tel personnage a certainement vécu après telle date, est certainement mort avant telle autre ; rares sont les faits de l'histoire ancienne dont nous puissions déterminer avec certitude l'année et le jour.

Pour ce qui regarde l'évangile, nous voyons bien dans un passage célèbre de saint Luc, v, 23, que, « dans la quinzième année du règne de Tibère, la parole de Dieu se fit entendre à Jean. » Un peu plus loin, l'évangéliste nous dit que lorsque Jésus vint à Jean, et qu'il commença à prêcher, « il avait environ trente ans. » Ce sont des dates bien vagues.

Si nous savions combien de temps avait duré la prédication de Jean-Baptiste, nous saurions à peu près en quelle année du règne de Tibère, Jésus avait environ trente ans. Toutefois, nous ne serions pas renseignés pour cela, car les historiens de l'époque ne comptent pas de la même manière les années du règne de Tibère ; les uns les font partir du jour où il régna seul, les autres de la date où il fut associé à l'empire d'Auguste : or, cette dernière date, les savants ne parviennent pas à la fixer avec précision. On sait seulement que ce fait s'est passé entre l'an 11 et l'an 13 avant notre ère.

Ainsi en est-il encore pour le règne du roi Hérode : on admet ordinairement qu'il mourut quatre ans avant notre ère, l'an 759 de Rome, mais plusieurs savants ont attaqué cette date, et reculent la mort de ce prince de trois ans.

Le même flottement existe pour fixer l'année qui vit naître Notre-Seigneur.

Notre ère vulgaire, qu'on appelle vulgairement ère chrétienne, n'est point d'origine primitive ; elle n'a été inventée qu'au milieu du VIe siècle, par Denis le Petit, abbé d'un monastère de Rome ; cet abbé est le premier savant qui ait cherché à établir de l'exactitude dans la chronologie. D'après ses recherches, les premières du genre, il avait cru pouvoir placer en l'an 754 de Rome la naissance de Jésus, et avait compté de là l'an 1 de notre ère vulgaire. Notre manière de compter les années indique donc seulement combien il s'en est écoulé depuis l'an 754 de l'ancienne ère romaine.

On n'exigera pas que nous entrions ici dans le détail des calculs faits par les savants, historiens et archéologues, pour chercher à fixer avec plus de précision le point de départ de notre ère. Qu'il suffise de dire que les recherches modernes arrivent à démontrer, en tenant compte des documents plus haut rapportés, que Notre-Seigneur était né plusieurs années auparavant, certainement entre l'an 747 et l'an 750 de Rome. Selon les calculs qu'il adopte, chaque savant considère chacune de ces années comme plus ou moins probable pour la fixation d'un si grand événement, sans qu'on ait pu encore arriver à une certitude plus nette (1).

(1) Tous nos lecteurs doivent encore se souvenir de la conjonction de planètes qui a eu lieu il y a quelques années, conjonction qui se reproduit régulièrement au bout de très longues périodes, et qui eut lieu précisément en 747 de Rome. A cette occasion, nombreux ont été les articles de journaux sur la fixation de l'année de la naissance de Jésus : on pensait pouvoir identifier l'éclat extraordinaire alors présenté

Jésus est donc né entre sept et quatre ans avant notre ère. Nous n'en savons pas plus sur l'année de sa naissance.

Le jour de la naissance de Jésus.

Sommes-nous mieux renseignés pour la date, le quantième, le mois où le Christ est né ? Les historiens sacrés ne nous donnent pas plus de renseignements sur ce point, et il ne paraît pas que les premiers chrétiens s'en soient préoccupés.

Dans les premiers temps de l'Église, en effet, on s'attachait moins à célébrer un anniversaire, que le souvenir des actes du Seigneur. Ainsi, pour les chrétiens de cette époque, la fête de Pâques comprenait en elle la mémoire de tous les mystères de la passion et de la rédemption. On n'avait pas encore eu l'idée, ou du moins, si on l'avait eue, on ne l'avait pas encore mise en pratique, de célébrer en détail les anniversaires du jeudi, du vendredi, du samedi saint. Pâques et sa vigile suffisaient, surtout si l'on tient compte de l'état de persécution qui ne laissait pas l'Église libre de célébrer des fêtes à son gré.

On comprend donc assez que nous ne trouvions aucune trace du jour de Noël à cette première époque de l'Église.

par Jupiter, ou bien celui d'une comète contemporaine, avec l'étoile des Mages. Mais quand même cela serait prouvé, on n'en saurait tirer de conclusion fixe sur la Nativité, car nous ignorons quel âge avait Jésus au moment de l'adoration des Mages : on sait seulement qu'il n'avait pas plus de deux ans.

Cependant, il semblerait à nos idées modernes qu'un anniversaire comme celui-là dût être particulièrement et soigneusement fêté, surtout lorsqu'on songe que les premiers chrétiens entouraient de vénération les lieux saints, témoins du grand événement.

Vers l'an 150 environ, saint Justin, dans son *Dialogue avec Tryphon*, nous parle de la grotte connue qui, tout près de Bethléem, fournit un abri à la sainte famille, et mentionne la crèche où reposa le nouveau-né. Un peu plus tard, Origène nous parle encore et de la grotte qu'on montre à Bethléem, et de la crèche qu'elle renferme, où Jésus fut enveloppé de langes, et que les persécutions sans cesse renaissantes n'empêchaient pas les fidèles d'aller vénérer.

Au siècle suivant, les pèlerins ne cessent de venir à la grotte de la Nativité et à la sainte crèche, et nous savons, par le témoignage de saint Jérôme, que la crèche était formée d'argile battue, suivant du reste la coutume du pays. C'était, si l'on s'en tient à l'emplacement encore vénéré, une excavation creusée dans le tuf de la grotte, en forme de crèche, et enduite d'argile ou de mortier. Au temps de saint Jérôme, on avait depuis longtemps garni ce souvenir précieux d'un revêtement d'argent.

Il semble donc qu'avec de tels souvenirs, Bethléem eut dû aussi conserver par tradition la date de la naissance du Sauveur : il n'en est rien cependant (1).

(1) Nous verrons plus loin les curieuses polémiques qui eurent lieu à ce propos à Jérusalem au Vᵉ et au VIᵉ siècle.

Bien mieux, personne ne songeait à s'en inquiéter tout d'abord. Le fait et les circonstances du fait suffisaient : le reste importait peu à la piété des fidèles.

Il faut arriver vers le IIIe siècle pour trouver trace des premières questions élevées sur ce sujet, et l'on va voir ce qu'en pensaient les esprits les plus sérieux du temps.

Le savant Clément d'Alexandrie, mort vers 210 ou 215, se fait ainsi l'écho des opinions alors discutées. Dans une de ses homélies (I, 21) il cherche à établir l'année de la naissance du Christ, et se prononcerait assez volontiers pour l'an 751 de Rome ; il ajoute : « Il y a de ces gens qui ne se contentent pas de savoir en quelle année est né le Seigneur ; ils s'en vont encore, poussés par une trop grande curiosité, chercher jusqu'au jour ! » Clément considère toutes ces controverses comme de simples questions pour occuper les bavards et les gens oisifs.

Il nous donne donc les dates diverses auxquelles, à sa connaissance, on tentait de fixer l'anniversaire de la nativité du Christ, du moins dans les pays égyptiens.

Quelques personnes opinaient pour le 25 *pachon*, correspondant à notre 20 mai ; d'autres pour le 24 ou ou le 25 *pharmuti* (19 ou 20 avril) ; d'autres encore pour le jour qui répond au 19 novembre actuel.

Le commentaire de saint Hippolyte sur Daniel, écrit à Rome, et qui est du même temps, place cette naissance au 25 décembre ; l'auteur du *De Pascha com-*

putus, écrit en l'an 243, assigne à ce fait la date du 28 mars.

Le livre intitulé *Les Constitutions Apostoliques,* un peu plus tard, indique Noël au 25 novembre.

On voit que si nos premiers pères dans la foi attendirent longtemps avant de rechercher quel jour avait bien pu naître Notre-Seigneur, c'est qu'ils manquaient de toute base certaine pour le fixer. Les considérations qui l'emportaient étaient avant tout des raisons symboliques, pour lesquelles il n'y a aucune tradition à invoquer.

Les uns supposaient que la date du solstice d'hiver présentait le plus de convenance pour y placer la naissance de Jésus ; c'est le jour en effet où le soleil « recommence à croître », selon la vieille expression ; c'est le *sol novus,* le *soleil nouveau* des anciens. Or, comme le Christ est le nouveau soleil qui doit éclairer le monde, il était juste que sa naissance coïncidât avec le solstice : d'où la date du 25 décembre, jour auquel tombait le solstice dans le calendrier romain de ce temps.

D'autres, au contraire, se basant sur ce que le renouveau de toutes choses se faisait au printemps, plaçaient le jour si cherché en mars, avril, ou mai, selon les préférences. Ainsi, pourquoi le 28 mars ? Parce que, le printemps étant le recommencement de la nature florissante, cela avait toujours dû être ainsi : donc, la création du monde avait commencé à l'équinoxe de printemps (25 mars dans l'ancien calendrier) ;

or, le soleil n'étant apparu que le quatrième jour de la création, 28 mars, Jésus le soleil de justice, n'avait pu aussi venir à la lumière que le 28 mars.

Telles sont les considérations symboliques entre lesquelles se partageaient, au IIIe siècle, l'esprit de ceux qui recherchaient le jour où avait pu naître le Christ ; elles méritent bien, sans contredit, le mot de Clément d'Alexandrie : ce n'étaient guère que des querelles de bavards.

La fête de Noël-Épiphanie.

Toutes les incertitudes auxquelles donnait lieu la fixation du jour de la nativité de Jésus furent sans doute la cause que personne ne songea à établir une fête pour cet anniversaire.

Ce n'est qu'au IVe siècle (et probablement après la paix donnée à l'Église par Constantin), que nous pouvons trouver la trace d'une solennité commémorative de Noël.

Dans un certain nombre d'églises, on célébrait au 6 janvier, depuis au moins la première moitié du IIIe siècle, une solennité nommée *Épiphanie* ou *Théophanie*, c'est-à-dire « manifestation » ou « apparition divine », dans laquelle on commémorait spécialement la vision de saint Jean-Baptiste au moment où il versait l'eau sur Jésus (1). Ce fut en effet la première

(1) Chose assez curieuse, c'est à propos d'une secte d'hérétiques, les Basilidiens, qu'on trouve cette fête mentionnée pour la première fois. Clément d'Alexandrie, dans le même document plus haut invoqué, nous en parle comme d'une fête des Basilidiens ; on la célébrait du 11 au

révélation de la divinité de Jésus, vis-à-vis du seul précurseur, et elle fut bientôt suivie du premier miracle du Christ aux noces de Cana.

Autour de cette fête vint donc s'ajouter le souvenir des autres mystères qui s'y pouvaient rattacher, des autres premières « manifestations » de la personnalité du Rédempteur, comme l'adoration des Mages et celle des bergers ; par là, on fut amené à célébrer aussi la nativité du Christ, dont la grandeur l'emporta bientôt sur celle des autres sujets de la fête.

Au commencement du IVe siècle, nous trouvons donc établie, en diverses églises, surtout d'Orient, d'Espagne et des Gaules, une fête dite Épiphanie ou Théophanie, célébrée le 6 janvier, depuis très longtemps, et en laquelle on commémorait les divers mystères plus haut cités. Mais cette fête n'avait pas pour unique objet la nativité du Christ (1).

C'est à Rome que, pour la première fois, nous trouvons, dans les calendriers du IVe siècle (2), la fête de Noël, à la date qu'elle a conservée, du 25 décem-

15 *Tubi* de l'année égyptienne, jours qui correspondaient aux dates du 6 au 10 janvier de l'année romaine, et cette fête était précédée d'une vigile. Je donnerai plus loin le texte d'un très antique « tropaire » des églises d'Égypte pour le 6 janvier.

(1) Le plus ancien document daté qui en parle avec quelque détail est la *passio* de saint Philippe, évêque d'Héraclée, en Thrace, martyrisé sous Dioclétien l'an 304 ; cette passion est le récit contemporain des actes du martyre de ce saint. Cf. le *Testamentum* publié par Mgr Ephrem Rahmani.

(2) Le calendrier dit philocalien, de l'an 336.

bre (1) ; c'est du reste à cette date que la supputation romaine du siècle précédent rattachait, nous l'avons vu, la symbolique de la naissance de Jésus.

Ce jour-là, de plus, était celui du *Natalis Invicti*, fête païenne en l'honneur du soleil. Bien qu'en principe l'Église ait évité de se servir des éléments païens, cependant, lorsqu'elle le crut nécessaire, elle les sanctifia en les transformant. Rien d'étonnant qu'elle ait consacré au culte de l'invisible soleil le jour où les non-convertis célébraient celui de l'astre visible.

C'est donc de l'Église romaine, et des églises qui suivaient de près ses coutumes, que sortirent l'idée et la réalisation de la fête de Noël, spécialement consacrée à la célébration de la naissance du Sauveur.

Avec les facilités de communication que la paix accordée à l'Église avait établie entre les divers centres religieux, la nouvelle fête devait rapidement se répandre. On a pu fixer les dates à laquelle on commença à la solenniser ici et là, d'après les attestations des Pères et des écrivains ecclésiastiques.

Comme le chant des antiennes qui, parti d'Antioche, se répandit dans la plupart des églises importantes en quelques années, ainsi la fête de Noël se propagea avec une grande rapidité, remarque saint Jean Chry-

(1) La plupart des auteurs, se fiant à une tradition recueillie au VIe siècle dans le *Liber Pontificalis*, font remonter la fête de Noël à Rome jusqu'au pape saint Télesphore, au IIe siècle. Ce pape aurait ordonné le chant du *Gloria in excelsis* dans la nuit de la Nativité. Il n'y a là qu'un récit sans autorité.

sostome, dans une homélie prêchée à Antioche, le 25 décembre, entre les années 386 et 388.

« Dix ans à peine, dit l'éloquent évêque, se sont écoulés depuis que nous avons connaissance d'un pareil jour... De là, tant de dires différents; les uns crient à la nouveauté: c'est une innovation toute récente, disent-ils; d'autres protestent que c'est déjà une chose vieille et fort ancienne... Ceux qui, depuis longtemps et d'après une ancienne tradition, célébraient ce jour, nous en ont naguère transmis la connaissance (1). »

On avait donc commencé à célébrer la nouvelle fête à Antioche vers l'an 377; les églises syriennes du ressort de cette métropole suivaient déjà le même usage, ainsi qu'il ressort des paroles de saint Éphrem, mort en 373 (2).

A Constantinople, nous voyons que la nouvelle fête a été célébrée pendant l'épiscopat de saint Grégoire de Nazianze. Ce saint docteur prononça deux homélies, qu'on date des années 380 et 381 (3); un passage de la première (n° 14) paraît indiquer que c'est saint Grégoire de Nazianze lui-même qui aurait introduit cette fête à Constantinople en 379 ou 380.

En Asie Mineure, vers le même temps, saint Grégoire de Nysse mentionne (probablement en 382) la naissance du Seigneur, comme bien distincte de l'É-

(1) *Patrologie grecque*, XLIX, 351.
(2) Cf. Lamy, *Ephremi Syri Hymni et sermones*, I, p. 10.
(3) *Patr. gr.*, XXXVI, 312-334 et 335-360.

piphanie (1) ; de même, saint Astérios d'Amasée (2), pour le Pont, et saint Épiphane de Salamine, pour Chypre (3), vers 385.

Les dernières églises qui admirent la solennité nouvelle furent celles d'Égypte et des Gaules. Entre les années 418 et 427, les évêques soumis à l'église d'Alexandrie ne connaissaient pas du tout la célébration de cette fête (4) : elle y fut sans doute introduite vers 430, et nous avons le sermon prononcé le 25 décembre 432, à Alexandrie, pour la nouvelle fête, par l'évêque Paul d'Émèse.

Ainsi, peu à peu, la pieuse et charmante idée réalisée par l'Église romaine de célébrer l'anniversaire de la naissance de Jésus, fut adoptée avec joie dans les autres églises.

Les églises d'Arménie, toutefois, bientôt séparées de leurs sœurs, firent exception. Aujourd'hui encore, après quatorze cents ans, toutes celles de ces églises qui ne sont pas revenues au bercail du pasteur romain, confondent dans l'unique fête du 6 janvier les diverses manifestations du Christ, restant ainsi au stade lointain de la liturgie du IVe siècle.

(1) *Patr. gr.*, XLVI, 580, 789.

(2) *Id.*, XL, 217.

(3) *Haeres.*, l. II, I, 16, 24.

(4) Nous le savons par les *Collectiones* de Cassien, moine de Marseille, qui s'était alors rendu en Egypte pour y étudier les usages des monastères de ce pays : « Dans le pays d'Egypte, une coutume est conservée par une antique tradition, que le jour des Epiphanies, les prêtres de cette province célèbrent en une seule solennité le baptême du Seigneur et sa naissance selon la chair, et non pas en deux fêtes, comme en Occident. » (X, 2.)

Mais je n'ai pas encore parlé des premières célébrations de la fête de Noël aux pays qui virent la naissance de Jésus.

Si nous examinons la liturgie elle-même, nous apprenons, par le récit du pèlerinage d'Etheria (pseudo-Sylvia) accompli vers l'an 385, que la veille au soir, tout le clergé, les moines et les fidèles se rendaient de Jérusalem à Bethléem, où on célébrait une solennelle station liturgique à la grotte de la Nativité, au-dessus de laquelle l'impératrice sainte Hélène avait fait élever une splendide basilique, toujours debout, quoique bien mutilée. Le chant des psaumes et des antiennes, les lectures et les oraisons, duraient jusqu'au milieu de la nuit, puis, une procession se formait, et tout le monde retournait ainsi en grande solennité à Jérusalem, pour y célébrer l'office des laudes, vers l'aurore.

A l'aurore, on commençait à réciter les prières finales, et on se retirait, sauf les moines, qui continuaient une psalmodie particulière (prime ?).

Dans la matinée, on se réunissait à la grande église bâtie par Constantin derrière le Calvaire, pour la messe solennelle des catéchumènes, mais l'offrande et la messe des fidèles avaient lieu à l'Anastasis ou chapelle du Saint Sépulcre, où on allait en procession solennelle, en traversant le cloître ou atrium qui renfermait les lieux saints.

Or, quel jour célébrait-on cette cérémonie ? toujours à la vieille date du 6 janvier, Noël-Épiphanie ne formant qu'une seule solennité.

L'église de Jérusalem, d'ailleurs, tenait à sa coutume, et rien n'est plus curieux que de voir comment la fête du 25 décembre eut de peine à s'y implanter (1).

Saint Jérôme s'étant retiré à Bethléem, où il dirigeait un monastère, y célébrait avec ses religieux la nouvelle solennité, empruntée à l'Occident, et que Rome fêtait depuis si longtemps. Un sermon du fougueux docteur, prononcé à cette occasion vers l'an 410, nous initie aux discussions que la Noël suscitait parmi les habitants de Jérusalem et de Bethléem ; ce passage est trop curieux pour ne pas le citer en entier :

« C'est bien en ce jour que le Christ est né. D'autres pensent qu'il est né à l'Épiphanie. Sans condamner l'opinion d'autrui, suivons néanmoins notre sentiment. Chacun agit selon sa conviction : peut-être le Seigneur daignera-t-il nous éclairer là-dessus. Et ceux qui tiennent pour l'autre opinion, et nous autres qui disons que le Sauveur est né aujourd'hui, nous honorons tous un même Seigneur ; c'est le même petit enfant dont nous fêtons la venue. Toutefois, sans vouloir en remontrer aux autres, il faut bien reconnaître que les meilleures raisons sont de notre côté. Nous ne parlons pas ici seulement en notre nom : c'est le sentiment des anciens, l'univers entier proteste contre l'opinion de cette province.

« On dira peut-être : C'est ici que le Christ est né,

(1) Cf. Siméon Vailhé, *Introduction de la fête de Noël à Jérusalem*, dans les *Echos d'Orient*, juillet 1905, p. 212 et s.

des étrangers seraient-ils donc mieux informés que ceux qui sont sur place ? Mais de qui tenez-vous vos informations ? De ceux qui étaient dans cette province ? des apôtres Pierre et Paul et des autres apôtres ? Mais vous les avez chassés, nous les avons accueillis ; Pierre, qui fut ici avec Jean, qui fut ici avec Jacques, nous a instruit en Occident ; ainsi les apôtres sont tout autant nos maîtres que les vôtres. »

Et après la destruction de Jérusalem par l'empereur Adrien, il fut un temps où il n'y avait presque plus de Juifs, ni de chrétiens, dans cette province ; « comment après cela vient-on nous dire : — C'est ici que furent les apôtres, ici que cette tradition a sa source ? Pour nous, nous soutenons que le Christ est né en ce jour, et qu'il a été baptisé à l'Épiphanie (1). »

Ces fougueuses observations paraissent avoir eu quelque effet : Juvénal, qui devint évêque et patriarche de Jérusalem, quelques années après, introduisit dans son église la célébration de « la naissance illustre, vivifiante et adorable du Seigneur ». Il en fut félicité par l'auteur d'une homélie attribuée à Basile de Séleucie, qui prêchait en sa présence le jour de saint Étienne, en 442.

Mais il ne semble pas que la décision du patriarche ait été suivie après sa mort, car l'église de Jérusalem abandonna la fête de Noël et bientôt l'oublia.

Un moine du Sinaï, explorateur intrépide, Cosmas

(1) Dom G. Morin, dans la *Revue d'histoire et de littérature religieuse*, 1896, 415 et s.

Indicopleustes, le reproche aux jérosolymitains dans sa *Topographie chrétienne*. Faisant toute une série de calculs pour trouver le jour de la conception et de la naissance de Notre-Seigneur, il remarque que tout le monde, de son temps, célébrait celle-ci le 25 décembre, à l'exception de l'église de Jérusalem où on tenait toujours pour l'unique fête du 6 janvier.

Il est très curieux de voir sur quel raisonnement on se basait pour cela. Dans son évangile, saint Luc, en un passage que nous avons déjà cité, dit, après avoir raconté le baptême du Christ et la vision de Jean-Baptiste : « et Jésus commençait environ sa trentième année. » Or, disaient les gens de Jérusalem, si Jésus commençait sa trentième année au moment où il fut baptisé, et si nous célébrons l'anniversaire de son baptême le 6 janvier, nous devons célébrer aussi le même jour celui de sa naissance. Et, sur cette simple observation, il s'entêtaient à ne pas solenniser la fête de Noël au 25 décembre, alors que depuis cent ans la presque unanimité des églises le faisait.

Il ne fallut rien moins qu'un édit formel de l'empereur Justin (très certainement Justin II qui régna sur l'Orient de 565 à 578), pour amener l'église de Jérusalem et d'autres églises particulières, qui s'entêtaient dans la vieille coutume, à se rattacher à l'usage général, et à fêter enfin Noël d'une façon définitive au 25 décembre.

A mesure que la fête romaine se répandait dans les églises qui ne l'avaient pas, l'Épiphanie, par un heureux échange, venait à être célébrée à Rome. Au ve siècle, Rome fêtait donc au 25 décembre la naissance du Christ, et au 6 janvier ses « théophanies » ; dans les églises qui avaient autrefois fêté la primitive Épiphanie, Noël fut consacré spécialement aux mystères de l'enfance du Sauveur, — naissance, adoration des bergers et des mages, — tandis que la vieille solennité du 6 janvier resta surtout celle du baptême de Jésus et de la révélation à saint Jean. Les églises grecques ont continué de différencier de cette façon les mystères des deux jours de fête.

La proximité du 6 janvier et du 25 décembre amena bien vite l'habitude de solenniser la période intermédiaire. Dès l'an 380, un concile de Sarragosse, en Espagne, prescrit que d'une date à l'autre, « il ne soit donné permission à personne de s'absenter de l'église ».

De là, l'organisation de l'admirable cycle de fêtes instituées dans cette période de l'année, vers 400 : saint Étienne le premier martyr, les saints Innocents, les apôtres Jean et Jacques, et par-dessus tout, la synaxe ou station en l'honneur de la Vierge Marie, la première des fêtes de la mère de Jésus.

Ces commémoraisons étaient toutes naturelles : saint Étienne, le premier martyr, le premier qui suivit Jésus dans sa passion, devait être le premier fêté après son Maître. Les saints Innocents, pauvres petits enfants massacrés dans le territoire de Bethléem par une fureur impie, qui cherchait aussi à faire périr l'Enfant Jésus, ne pouvaient aussi être fêtés qu'aux jours consacrés à l'enfance du Maître. Puis ce sont les apôtres parents de Notre-Seigneur, ses ancêtres, dont la mémoire amena bientôt la célébration d'une fête d'abord, ensuite de deux dimanches, enfin d'un temps tout entier de préparation et de jeûne à la fête de Noël, l'Avent, symbolisant les désirs des patriarches et des prophètes de l'ancienne loi soupirant après l'arrivée du Messie.

Mais surtout on associa la sainte Mère du Christ à la solennité nouvelle, en instituant la fête célébrée en son honneur, au temps même qu'on commémorait sa maternité et son enfantement (1).

A Rome, cette commémoraison fut fixée au 1er janvier, octave du 25 décembre, peut-être en souvenir anniversaire de la dédicace de la basilique consacrée à Marie par le pape saint Jules, au quartier de Trastévère.

Pendant longtemps, on continua de célébrer pieusement à cette date la première messe organisée en l'honneur de Marie; depuis, à mesure que d'autres fêtes ayant le même objet furent instituées, cette

(1) On ne doit pas, en effet, compter primitivement comme fête de Marie, la solennité nommée maintenant Purification de la Sainte Vierge. Cette fête est sans doute fort ancienne : on la célébrait déjà vers l'an 385 à Jérusalem, au 14 février, mais comme fête de Notre-Seigneur ; c'était simplement la *quarantaine des Epiphanies*. Lorsqu'on institua Noël au 25 décembre, cette quarantaine fut avancée au 2 février. Le titre de la fête fut pendant presque tout le moyen âge et reste encore maintenant dans l'Église d'Orient : *Rencontre de l'Enfant Jésus et de saint Siméon* ; c'est, en effet, l'objet principal de la fête, dont la purification légale de la Vierge ne fut que l'occasion. Et, malgré le titre relativement moderne de la fête en Occident, c'est bien toujours la rencontre de l'enfant et du vieillard que nous solennisons tout au long de la journée du 2 février.

« station » tomba en désuétude. Cependant le rite romain en a toujours gardé les oraisons spéciales, et à vêpres, les admirables antiennes : *O admirabile commercium,* répétées encore à la fête du 2 février.

Ainsi fut institué et se développa le cycle de Noël, sous l'influence principale de l'Église romaine.

II

LITTÉRATURE LITURGIQUE PRIMITIVE DE LA FÊTE DE NOËL

Il semble, d'après ce que nous venons dire sur les origines de la fête de Noël, qu'il faille chercher dans l'antique liturgie romaine les souvenirs des premiers élans de la prière chrétienne sur le mystère qui y est révélé. Avec la simplicité littéraire qui caractérise cette liturgie, c'est dans les phrases concises des oraisons et des préfaces que nous trouverons le sens mystique que nos pères attachaient en ce jour à leurs pieuses élévations.

Sans doute, dans leur forme actuelle, ces oraisons n'ont été ordonnées qu'aux ve et vi[e] siècles (1) ; il est toutefois plus que probable que leur premier jet, et certainement plusieurs d'entre elles dans leur intégrité, remontent à l'époque primitive qui vit fêter Noël.

(1) Dans les *Sacramentaires* nommés *léonien* et *gélasien*, parce qu'on en a attribué l'arrangement aux papes saint Léon et saint Gélase.

Les plus élevées et les plus belles de ces oraisons insistent sur ces trois principales idées : Jésus est la lumière qui nous éclaire et le libérateur de nos âmes ; il opère un échange sacro-saint entre nous et lui ; nous devons mériter, par une vie parfaite, d'entrer en union complète avec lui. En voici le développement :

« Accordez, nous vous en supplions, Tout-Puissant Dieu : que la nouvelle naissance de votre Unique nous délivre, nous qu'une antique servitude tenait sous le joug du péché. » (Oraison du jour.)

« Donnez-nous, nous vous en supplions, Tout-Puissant Dieu, qui nous inondez de la nouvelle lumière de votre Verbe incarné, de faire resplendir en nos œuvres cette lumière que la foi fait briller dans nos âmes. » (Oraison de l'aurore.)

« Qu'elle vous soit agréable, Seigneur, nous vous en supplions, l'oblation de la fête d'aujourd'hui ; afin que, votre grâce le permettant, nous soyons, par ces échanges sacro-saints, trouvés semblables à celui en qui notre substance est unie à vous. » (Secrète de la nuit.)

« Dieu, qui avez formé d'une admirable manière la dignité de la nature humaine, et l'avez réformée plus merveilleusement encore : donnez-nous [par le mystère de cette eau et de ce vin], d'être associés à la divinité de celui qui a daigné se faire participant de la nature humaine. » (Ancienne prière de la fête, passée à l'offertoire des messes ordinaires.)

« Donnez-vous enfin, nous vous en supplions, Seigneur notre Dieu, que, après nous être réjouis de la naissance de Notre Seigneur Jésus-Christ en fréquentant ses mystères [en communiant], nous méritions, par une vie sainte, d'entrer en union parfaite avec lui. » (Postcommunion de la nuit) (1).

Et enfin la belle préface eucharistique qui seule a subsisté, avec raison, parmi tant d'autres :

« Il est vraiment digne et juste, équitable et salutaire, que nous vous rendions grâces toujours et partout, Seigneur Saint Père Tout-Puissant Éternel Dieu ; de ce que, par le mystère de l'incarnation du Verbe, un nouvel éclat de votre splendeur ait brillé aux yeux de notre âme : afin que, comme nous avons d'une manière visible la connaissance d'un Dieu, nous soyons par lui ravis en l'amour des biens invisibles : et qu'ainsi, avec les Anges et les Archanges, avec les Trônes et les Dominations, avec enfin toute la milice de l'armée

(1) *Concede, quaesumus, omnipotens Deus : ut nos Unigeniti tui nova per carnem nativitas liberet, quos sub peccati jugo vetusta servitus tenet.*

Da nobis, quaesumus, omnipotens Deus : ut qui nova incarnati Verbi tui luce perfundimur, hoc in nostro resplendeat opere, quod per fidem fulget in mente.

Accepta tibi sit, Domine, quaesumus, hodiernae festivitatis oblatio : ut, tua gratia largiente, per haec sacrosancta commercia in illius inveniamur forma, in quo tecum est nostra substantia.

Deus, qui humanae substantiae dignitatem mirabiliter condidisti, et mirabilius reformasti : da nobis, [per huius aquae et vini mysterium,] eius divinitatis esse consortes, qui humanitatis nostrae fieri dignatus est particeps, Jesus Christus Filius tuus Dominus noster.

Da nobis, quaesumus, Domine Deus noster : ut qui nativitatem Domini nostri Jesu Christi mysteriis nos frequentare gaudemus, dignis conversationibus ad eius mereamur pervenire consortium.

céleste, nous chantions l'hymne de votre gloire, disant sans cesse : Saint, Saint, Saint, etc. (1). »

Tandis que l'Église romaine, et en général celles d'Occident, exprimaient leurs sentiments par ces prières graves et marquées au coin d'une haute théologie, les docteurs orientaux laissaient fleurir leur exubérance dans des *tropaires*, des *hirmi*, morceaux poétiques souvent interminables.

Le plus ancien de ces morceaux a été découvert il y a peu d'années : il est d'une forme simple, mais l'idée est déjà complexe :

> Toi qui naquis à Bethléem,
> qui fus élevé à Nazareth,
> et habitas la Galilée,
> nous avons vu ton signe dans le ciel ;
> en voyant l'étoile briller
> les pâtres qui veillaient admirèrent ;
> et tombant à genoux, dirent :
> gloire au Père, alleluia ;
> gloire au Fils et au Saint-Esprit ;
> alleluia, alleluia, alleluia.

Le papyrus qui contient cette antienne a permis de la dater des premières années du IVe siècle : on la chantait dans une église égyptienne à la fête primitive du 11 *tubi* ou 6 janvier.

(1) *Vere dignum et justum est, aequum et salutare, nos tibi semper et ubique gratias agere, Domine sancte Pater omnipotens aeterne Deus, quia per incarnati Verbi mysterium, nova mentis nostrae oculis lux tuae claritatis infulsit : ut dum visibiliter Deum cognoscimus, per hunc in invisibilium amorem rapiamur ; et ideo cum Angelis et Archangelis, cum Thronis et Dominationibus, cumque omni militia coelestis exercitus, hymnum gloriae tuae canimus, sine fine dicentes : Sanctus, etc.*

Le premier poète connu de la Nativité est saint Éphrem le Syriaque, qui, dans le même siècle, écrivit ses longs cantiques, qu'il apprenait au peuple d'Édesse ; les recueils de ses œuvres en contiennent quinze sur le mystère de Noël, et ils renferment d'admirables strophes. L'un de ces cantiques met successivement en scène les bergers, les laboureurs, les vignerons, les charpentiers, les enfants, les jeunes filles, etc., et chaque groupe vient saluer l'Enfant et sa Mère, avec un compliment approprié à sa condition :

« Les laboureurs des campagnes vinrent, à leur tour, vénérer leur Sauveur, et, dans leur allégresse, prophétisaient ainsi : Salut, ô toi qui es appelé à cultiver nos champs ; tu fertiliseras le froment dans le grenier de la vie. »

« Les vignerons se présentèrent ensuite ; ils célébrèrent la Vigne sortie du tronc de Jessé, la Vigne qui, de son cep sacré, a produit la grappe virginale : Divin vigneron, chantaient-ils, rends-nous notre arome, en nous versant dans des vases dignes de ton vin nouveau qui régénère toutes choses ; viens rétablir ta vigne ; jusqu'ici elle n'a produit que d'amers raisins ; greffe tes propres rameaux sur ses ceps sauvages. » (Cité par Dom Guéranger : *Année liturgique*, troisième jour dans l'octave de l'Epiphanie.)

Saint Éphrem trouve un premier émule occidental en saint Ambroise, le préfet de Milan, devenu archevêque de la même ville : c'est lui qui, à l'imitation de ce qu'on faisait en Orient, institua dans nos contrées l'hymnologie et le chant en chœur, « de peur, disent ses biographes, que le peuple ne succombât à l'ennui ».

« Ambroise, de bonne mémoire, nous raconte le pape saint Célestin, avait, un jour de Noël, fait chanter à tout son peuple, d'une seule voix, l'hymne *Veni, redemptor gentium.* » Cette composition célèbre se répandit autrefois dans la plupart de nos églises; ensuite, elle tomba peu à peu en désuétude; aujourd'hui, on ne la chante plus guère qu'à Milan, d'où elle est sortie.

Nous ne pouvons résister à la tentation de la donner ici en entier, malgré ses fortes expressions, dont nos pères ne songeaient point à être choqués: c'est le premier spécimen de la poésie occidentale sur le mystère de Noël, c'en est peut-être le plus grandiose.

Veni, redemptor gentium, Ostende partum virginis; Miretur omne saeculum: Talis decet partus Deum.	Viens, rédempteur des nations, montre-nous une vierge-Mère; que tous les siècles admirent; un tel enfantement convenait [à un Dieu.
Non ex virili semine, Sed mystico spiramine, Verbum Dei factum caro, Fructusque ventris floruit.	Ce n'est point de semence hu- [maine, mais d'un souffle mystérieux, que le Verbe de Dieu s'est fait [chair, et qu'un fruit nouveau a germé.

Alvus tumescit virginis, Claustra pudoris permanent : Vexilla virtutum micant, Versatur in templo Deus.	Le sein de la vierge se gonfle, mais sa chasteté reste entière ; les étendards de la vertu pa-[raissent : Dieu est déposé dans son tem-[ple.
Procedens de thalamo suo, Pudoris aula regia, Geminae gigas substantiae, Alacris ut currat viam.	Mais il s'élance de sa couche, cour royale de la pureté, comme un géant, dans sa dou-[ble substance, pour parcourir au plus vite sa [voie.
Egressus ejus a Patre, Regressus ejus ad Patrem, Excursus usque ad inferos, Recursus ad sedem Dei.	Il est parti du Père, il retournera au Père ; sa course l'entraîne aux enfers, pour le ramener au trône de [Dieu.
Aequalis aeterno Patri, Carnis trophaeo accingere Infirma nostri corporis Virtute firmans perpeti.	Égal au Père Éternel, il se revêt de la chair, pour assurer par sa force sans [fin, les faiblesses de notre corps.
Praesepe jam fulget tuum, Lumenque nox spirat novum ; Quod nulla nox interpolet Fideque jugi luceat.	Voici que ta crèche étincelle, et que la nuit répand une lueur [nouvelle, qu'aucune nuit ne la détruise, mais brille d'une foi conti-[nuelle.

On peut dire que toute la poésie de la Nativité, en Orient comme en Occident, n'a été que le développement ou la répétition, en des termes nouveaux, de ce qu'avaient chanté au IV

Cependant citons encore quelques beaux élans,

dans ces antiennes, par exemple, et ces répons de l'Église romaine :

« Une jeune mère a engendré un Roi dont le nom est éternel ; elle possède les joies de la mère et la pureté de la vierge ; on n'en vit jamais de semblable avant elle, et elle n'en a pas eu après. » (Antienne *Genuit*, à Laudes, 25 décembre.)

« Quand tu es né de la Vierge d'une manière si ineffable, alors furent accomplies les Écritures : comme la pluie sur la toison de Gédéon, tu es descendu, pour sauver le genre humain : nous te louons, ô notre Dieu. » (Antienne *Quando natus es*, à Laudes, premier janvier.)

« Aujourd'hui pour nous, du ciel la vraie paix descendit ; aujourd'hui, par tout le monde, les cieux sont devenus cléments ; aujourd'hui a brillé pour nous la rédemption nouvelle, la réparation du passé, la félicité éternelle. » (Deuxième répons.)

« Bienheureuses les entrailles de la Vierge Marie, qui ont porté le fils du Père éternel ; et bienheureuses les mamelles qui ont allaité le Christ Seigneur, qui aujourd'hui, pour le salut du monde, a daigné naître de la Vierge. » (Répons de l'octave.)

« O grand mystère, et merveilleux sacrement ! des animaux ont vu le Seigneur nouveau-né et gisant dans une crèche ; ô bienheureuse Vierge, dont les entrailles ont mérité de porter le Seigneur Christ ! » (Quatrième répons.)

« O roi du ciel, à qui de si humbles hommages

sont réservés ! celui qui contient le monde est posé dans une étable ; il gît dans une crèche, et il règne dans les cieux. » (Huitième répons du dimanche dans l'octave) (1).

Dans les pièces précédentes, ce sont des réflexions, des admirations, à la vue du grand mystère ; voici maintenant Marie elle-même qui prend la parole :

« Félicitez-moi, vous tous qui aimez le Seigneur : puisque, tandis que j'étais si petite, j'ai été agréable au Très-Haut, et que, de mes entrailles, j'ai engendré l'Homme Dieu. » (Quatrième répons de l'octave) (2).

Enfin, cette antienne commune au rite romain et au rite grec :

« Un merveilleux mystère est aujourd'hui révélé : une nouvelle nature est créée, un Dieu est fait homme : il reste ce qu'il est, devenant ce qu'il n'était pas, sans

(1) *Genuit puerpera Regem, cui nomen est aeternum, et gaudia matris habens cum virginitatis honore, nec primam similem visa est, nec habere sequentem, alleluia.* — Ce texte est emprunté au *Carmen seculare* de Sédulius, poète du ve siècle.

Quando natus es ineffabiliter ex Virgine, tunc impletae sunt Scripturae : sicut pluvia in vellus descendisti, ut salvum faceres genus humanum : te laudamus, Deus noster.

Hodie nobis de coelo pax vera descendit : Hodie per totum mundum melliflui facti sunt coeli : Hodie illuxit nobis dies redemptionis novae, reparationis antiquae, felicitatis aeternae.

Beata viscera Mariae Virginis, quae portaverunt Aeterni Patris filium : et beata ubera quae lactaverunt Christum Dominum, qui hodie pro salute mundi de Virgine dignatus est.

O magnum mysterium, et admirabile sacramentum, ut animalia viderent Dominum natum, jacentem in praesepio : beata Virgo, cuius viscera meruerunt portare Dominum Christum.

O regem coeli, cui talia famulantur obsequia ! stabulo ponitur, qui continet mundum : jacet in praesepio, et in coelis regnat.

(2) *Congratulamini mihi, omnes qui diligitis Dominum : quia, cum essem parvula, placui Altissimo, et de meis visceribus genui Deum et hominem.*

souffrir ni mélange, ni division. » (Antienne de *Benedictus,* 1er janvier) » (1).

Et maintenant, ces tropaires de l'église grecque :

Le Christ naît, glorifiez-le ;
Le Christ vient des cieux, allez au-devant de lui ;
Le Christ vient sur terre, exaltez-le.
Toute la terre, chantez au Seigneur,

dit à la fois le début d'une antique ode de ce rite, et le commencement d'un sermon de saint Grégoire de Nazianze, le Théologue.

« Que t'offrirons-nous, Christ, tandis que tu parais sur terre, homme à cause de nous ? car chacune de tes créatures t'offre son action de grâces : les anges t'offrent leur hymne ; les cieux, l'étoile ; les mages, leurs présents ; les bergers, leur admiration ; la terre t'offre la grotte ; les champs, le foin de ta crèche ; et nous ? ce sera une mère vierge ; ô Dieu éternel, aie pitié de nous. » (Stichère de la Nativité.)

Et le ravissant *Kontakion* de saint Romanos, chanté par son auteur en présence de l'empereur Anastase, dont aucune traduction ne peut rendre la beauté de la forme et la pureté de l'expression :

La Vierge aujourd'hui
engendre le Supersubstantiel,
et c'est une grotte que la terre
offre à l'Inaccessible ;

(1) *Mirabile mysterium declaratur hodie : innovantur naturae, Deus homo factus est : id quod fuit, permansit, et quod non erat, assumpsit, non commistionem passus, neque divisionem.*

les anges avec les bergers
le louent,
et les mages avec l'étoile
s'avancent ;
car tu es né pour nous
en petit enfant,
ô Dieu éternel.

Ainsi, pendant des siècles, on chanta la Nativité, en imitant ou en développant les belles idées que nous avons entendu exprimer par la muse chrétienne entre le IVe et le VIIe siècle.

Cependant, on créa relativement peu de choses proprement liturgiques (nous le verrons plus loin), l'ordonnance des offices ayant été fixée de bonne heure. Toutefois, il est de ces pièces dont l'excellence obtint toute la faveur de nos pères : ainsi en fut-il de la belle prose *Laetabundus*, autrefois exécutée par le peuple chrétien au jour de Noël, et qui a malheureusement été oubliée ou remplacée par des proses modernes, pâles et irrégulières imitations de la belle poésie médiévale.

Le *Laetabundus* mérite bien le succès dont il a joui : les allégories les plus nobles, les plus belles images empruntées à la sainte Écriture, chantent le Christ enfant ; et, à la fin, marque de son origine (ce chant est du XIe siècle), on y adjure les juifs non convertis de reconnaître celui auquel ont cru les païens eux-mêmes. La mélodie, publiée par Dom Pothier, est tout à fait dans le même sentiment que les paroles. (Comme pour le *Veni, redemptor gentium,* nous tâchons de conserver dans la traduction la forme de l'original.)

Laetabundus, Exsultet fidelis chorus ; Alleluia ! Regem regum Intactae profudit thorus ; Res miranda !	Que, joyeux, le chœur fidèle exulte ; alleluia ! le Roi des rois sort de la couche de l'Intacte ; chose admirable !
Angelus consilii Natus est de Virgine, Sol de stella : Sol occasum nesciens, Stella semper rutilans, Semper clara.	L'Ange du conseil est né de la Vierge, soleil d'une étoile. Soleil sans couchant, étoile toujours brillante, toujours claire.
Sicut stella radium, Virgo profert Filium Pari forma : Neque stella radio, Neque mater Filio, Fit corrupta.	Comme l'étoile le rayon, la Vierge produit son Fils semblablement : et ni l'étoile par son rayon, ni la mère par son Fils, ne reçoit de souillure.
Cedrus alta Libani Conformatur hyssopo Valle nostra. Verbum, Ens Altissimi, Corporari passum est Carne nostra.	Le cèdre élevé du Liban se rend semblable à l'hysope, dans notre vallée. Le Verbe, l'Être du Très-Haut, a souffert d'être incorporé à notre chair.
Isaias cecinit, Synagoga meminit : Et non tamen desinit Esse caeca. Si non suis vatibus, Credat vel gentilibus, Sybillinis versibus Haec praedicta.	Isaïe l'a chanté, la Synagogue s'en souvient : et cependant elle ne cesse d'être aveugle. Si elle ne croit pas à ses pro-[phètes, qu'elle croie au moins aux [païens, dont les vers sybillins ont prédit ces choses.

Infelix, propera, Crede vel vetera : Cur damnaberis Gens misera ? Quem docet littera, Natum considera ; Ipsum genuit Puerpera.	Malheureuse, avance, crois au moins les anciens : pourquoi te damner, nation misérable ? Celui qu'enseigne l'Ecriture, considère-le, nouveau-né ; enfanté lui-même d'une mère.

Le *Laetabundus* a peut-être été la prose la plus populaire : on l'a bien des fois imité, pour chanter d'autres sujets, ou traduit, en conservant la versification et la mélodie originales.

III

DÉVELOPPEMENT LITURGIQUE ET DRAMATIQUE DE LA FÊTE DE NOËL

A l'origine, il ne semble pas qu'aucune particularité liturgique ait distingué des autres fêtes celle de Noël. C'est seulement au ve siècle qu'on voit apparaître les trois messes solennelles célébrées en ce jour au rite romain. Mais, si cette triple liturgie nous apparaît maintenant comme un caractère propre à la fête du 25 décembre, il n'en était pas de même dans ces temps lointains, où plusieurs solennités voyaient célébrer, non pas trois, il est vrai, mais au moins deux messes solennelles, l'une de grand matin, l'autre à « tierce » (9 heures), à cause de l'affluence du peuple en certains jours de fête.

Le véritable privilège de Noël, dès cette époque, c'est la célébration de la messe de nuit, la messe « du chant du coq », entre les deux parties du *matutinum*, c'est-à-dire entre les nocturnes et les laudes ; à cette messe, la seule d'abord dans l'année, on chantait la grande doxologie, le *Gloria in excelsis,* qui débute par les mêmes paroles que l'évangéliste met dans la bouche des anges, en son récit de la naissance de Jésus. D'ailleurs, le *Gloria* est le plus ancien chant chrétien parvenu jusqu'à nous, célébrant le Christ comme Dieu, ainsi que dit Pline le Jeune dans sa célèbre lettre à Trajan, et son rôle liturgique était primitivement de faire partie de la vigile matutinale.

Quelques liturgistes croient que cet usage de la messe de nuit vient de l'église de Jérusalem. Nous avons constaté, en effet, que, vers la fin du IVe siècle, la célébration de l'Épiphanie-Noël comprenait deux stations successives, l'une la veille au soir, et qui durait une partie de la nuit, dans la grotte de Bethléem, après quoi une procession solennelle ramenait le clergé et les fidèles à Jérusalem, à l'église de l'*Anastasis* ou de la Résurrection, pour y célébrer la seconde solennité, avec les laudes. Mais avait-on dit une messe à Bethléem, pour clore la vigile nocturne? voilà ce qu'on ne sait pas. Si cet office de Bethléem se terminait par une messe solennelle, célébrée au lieu même où Jésus naquit en pleine nuit (et tout porte à croire qu'il a pu en être ainsi), ce serait là l'origine de la messe de minuit, adoptée au Ve siècle à Rome et, de là, dans les diverses églises d'Occident.

Aussitôt que l'office romain fut définitivement organisé, la fête de Noël fut ainsi ordonnée: la veille, le pape se rendait en station solennelle à la basilique de Sainte-Marie Majeure, restaurée splendidement par Sixte III, entre 431 et 440. On célébrait deux vêpres, un premier office très simple, un second plus solennel, où le pape pontifiait, devant une représentation de la crèche.

Ces vêpres solennelles, au moins à une certaine époque, étaient précédées d'un grand repas de toute la maison pontificale, dont la préparation incombait au cardinal-évêque d'Albano.

« Ce jour-là, — dit un *ordo* du XIIe siècle, — le Pape doit chanter la messe avec les diverses corporations des clercs et la famille du palais ; et l'évêque d'Albano doit préparer un bon repas à toute la curie, et mettre à sa disposition deux bons rôtis de porc. » On ne faisait donc pas abstinence pour cette vigile.

Les vêpres terminées, un goûter réunissait à nouveau tout le monde :

« Cet office fini, — lit-on dans un autre *ordo* compilé par ordre de Grégoire X, — ils retournent au palais papal, où on a dû préparer beaucoup de vins divers, du clairet (1) et des épices. »

L'office nocturne et la messe du « chant du coq » se célébraient solennellement à la même basilique. C'est là que saint Grégoire le Grand, à la fin du VIe siècle, prononça l'homélie dont nous lisons encore le début au même office, sur l'évangile de saint Luc, II :

« Comme, par la bonté du Seigneur, nous devons célébrer trois fois aujourd'hui les solennités des messes,

(1) Le clairet était une sorte de vin aromatisé.

nous ne pouvons parler longtemps de l'évangile qui vient d'être lu ; mais la naissance de notre Rédempteur nous oblige par elle-même à en dire au moins brièvement quelque chose, etc. »

La messe de minuit terminée, le pape se rendait processionnellement à l'antique *titulus Anastasiae*, devenu, à cause de son nom primitif, l'église Sainte-Anastasie, pour célébrer laudes et la première messe matutinale.

Là encore, on retrouve dans ces anciennes coutumes romaines l'imitation de celles de Jérusalem, où nous avons vu le clergé se rendre processionnellement à l'église de l'Anastasis, après la station nocturne, pour y terminer les matines. Mais, à Rome, comme il n'y avait pas d'église du Saint-Sépulcre, on choisit le « titre d'Anastasie » (1), dont le nom se rapproche, par consonnance, de celui de la basilique jérosolomytaine. D'ailleurs, cette église était la plus centrale de l'ancienne Rome, la principale basilique du Palatin, où le gouvernement résidait ; elle était donc un peu comme l'église de la cour.

A l'heure habituelle enfin, la dernière et troisième

(1) Vers l'an 500, on y transféra des reliques de sainte Anastasie, martyre, dont elle prit le nom ; de là vint l'habitude de faire mémoire de cette sainte à la seconde messe de Noël. La ressemblance du nom de la sainte martyre avec le titre primitif de l'église où on transporta ses reliques n'est pas purement fortuit : en faisant les translations de corps saints dans les basiliques romaines, on choisissait autant que possible des églises dont le nom primitif ressemblât à celui du saint qu'on voulait transférer. Les églises romaines, ou « titres » n'étaient pas en effet primitivement désignées par un nom de saint, mais par celui du lieu-dit du fondateur, etc.

messe, la plus solennelle, était célébrée à Saint-Pierre. C'est en cette messe que Léon III, en 800, couronna Charlemagne empereur.

Dans le cours du moyen âge, cette remarquable époque de formation de l'esprit moderne, les symbolistes cherchèrent une explication mystique des trois messes de Noël. Les uns virent dans la première, célébrée la nuit, le souvenir de l'état de l'humanité au temps des premiers patriarches, alors que dans l'attente du rédempteur à venir, les âmes étaient comme assises dans les ténèbres et à l'ombre de la mort. Dans la seconde messe, vers l'aurore, c'était le symbole du temps de la loi mosaïque et des prophètes, qui formaient lentement la conscience religieuse du peuple juif, en lui montrant plus nettement la puissance de Dieu qui allait se révéler par le Messie. Enfin, dans la troisième, l'avènement du Christ est commémoré, c'est la clarté du jour.

D'autres symbolistes, — et c'est leur idée qu'on répète le plus souvent, — voient dans la première de ces trois messes, dit saint Thomas d'Aquin (1), « l'éternelle naissance [du Verbe dans le sein du Père], et dès lors, pour nous invisible et cachée. La messe chantée la nuit commence par ces mots : *Dominus dixit ad me : Filius meus es tu ; ego hodie genui te* (Le Seigneur m'a dit : Tu es mon Fils : je t'ai aujourd'hui engendré). Cela nous rappelle la grande et solennelle réalité.

(1) *Summa theol.*, p. III, q. LXXXIII, 2.

« La seconde naissance est temporelle, mais spirituelle. C'est, suivant l'expression de saint Pierre, (II, I, 19,) la venue de Jésus en nous, « comme l'étoile du matin en nos cours ». La messe chantée précisément à l'aurore nous en donne bien la signification avec l'introït : *Lux fulgebit hodie super nos* (la lumière aujourd'hui s'est levée sur nous).

« La troisième naissance du Christ est temporelle et corporelle. C'est l'instant solennel où Jésus, s'incarnant dans le sein virginal de Marie, revêt la chair humaine et se fait visible. C'est la pleine lumière, symbolisée par la messe du jour et le *Puer natus est nobis* (un enfant nous est né). »

Cette explication est plus sérieuse que la première ; il est permis d'en suggérer une troisième, qui nous paraît plus en rapport avec les textes lus et chantés à ces messes.

A celle de la nuit, tout en lisant dans l'évangile ce qui concerne la nuit de Noël, on s'attache plus spécialement à célébrer en Jésus le Verbe divin : c'est la naissance éternelle dont parle saint Thomas. De là, l'emploi des psaumes messianiques « *Le Seigneur m'a dit : Tu es mon fils... La souveraineté est à vous au jour de votre puissance... je t'ai engendré de mon sein avant l'étoile du matin.* »

Dans la seconde messe célébrée au lever du soleil, on envisage le Christ comme la vraie lumière, le soleil nouveau : « *La lumière brillera aujourd'hui sur nous... C'est le Dieu Seigneur et il nous a éclairé.* »

Enfin, dans la messe du jour, on honore le Christ comme roi du monde, Dieu et homme : « *Un enfant nous est né... il porte sur son épaule le signe de sa puissance... Toute l'étendue de la terre a vu le Salut de notre Dieu... Venez, nations, et adorez le Seigneur... La justice et l'équité sont le soutien de ton trône.* »

Telle est, nous semble-t-il, la véritable mystique qui a présidé, au VIe siècle au moins, à l'arrangement de ces trois messes romaines de Noël, au moyen d'éléments empruntés à un stade plus ancien, que nous retrouvons dans le rite ambrosien de l'église de Milan.

Ainsi donc fut organisée et fixée la fête de Noël. Elle suscita un grand enthousiasme ; les écrivains ecclésiastiques du IVe siècle et du Ve aimaient à la nommer « la fête des fêtes », comme contenant en elle l'origine de toutes les autres. La naissance de Jésus est en effet le point de départ des autres mystères que nous célébrons.

Aussi, dès le moment où fut célébrée la commémoraison de la Nativité, nous voyons l'Église romaine en faire le point de départ de l'année ecclésiastique. Lorsque, au Ve siècle et au VIe, se constitua la période dite de l'Avent, qui est comme une vigile de quatre semaines avant la fête, l'Avent fut entraîné dans le cycle de Noël, et le début de l'année ecclésiastique fut ainsi peu à peu anticipé.

Dans la législation civile, dès l'an 425, l'empereur Arcadius défend tout jeu de cirque pendant les fêtes

(1) Code Théodosien, XV, 5, 5.

de Noël et de l'Épiphanie (1). Au VIe siècle, Justinien complète une loi déjà existante, en ajoutant Noël au rang des jours privilégiés, pour ce qui concernait les jugements (1). Durant tout le moyen âge, les jours qui suivent le 25 décembre furent assimilés aux semaines de Pâques et de la Pentecôte. C'était comme un temps de rémission pendant lequel faculté était accordée aux débiteurs de suspendre tout paiement. Ces décisions qui ne regardaient d'abord que l'empire d'Orient, pénétrèrent petit à petit en Occident, surtout à la faveur de la renaissance carolingienne.

Le règne de Charlemagne apparaît dans l'histoire comme l'ultime condensation de l'antiquité, si on peut employer ce terme, et, en même temps, comme la première manifestation d'un esprit tout nouveau.

Une nouvelle manière d'envisager les choses se forme insensiblement ; dans la liturgie, désormais fixée, peu d'offices nouveaux s'ajouteront, mais le besoin de variété conduira à créer des développements que l'âge précédent ne soupçonnait pas.

Les princes eux-mêmes tiennent à y prendre part : les anciens cérémoniaux indiquent comment l'empereur d'Occident, s'il assiste à l'office papal de Noël, chante la septième lecture de l'office nocturne, avec son épée, ses éperons, sa cotte de mailles, sur laquelle il endosse le surplis et la chape ou la dalmatique. L'un des derniers empereurs catholiques qui ait accompli ce rite fut Sigismond au concile de Constance en 1414.

(1) L. III, 12, 6.

C'est également parmi les lectures saintes de cet office qu'une piété, singulière pour nous, introduisit le chant des vers sybillins, mentionnés dans la prose *Laetabundus*. On connaît leur origine : les oracles rendus par les sybilles ou prophétesses romaines, dans l'antiquité païenne, et auxquels Virgile fait allusion, en annonçant la venue d'un prince de la paix, fils du ciel. Mais, tandis qu'il ne s'agissait là que d'une flatterie vis-à-vis de l'empereur Auguste, on imagina plus tard d'y voir le résultat d'une inspiration divine donnée aux prophètes païens et une annonce de la naissance du Dieu fait homme.

Ce qui contribua à cette croyance, c'est que les textes originaux ayant été perdus, on n'en connaissait qu'une paraphrase en vers grecs, laquelle fut à son tour translatée en vers latins. Ces modifications successives avaient donné aux prétendus oracles sybillins une tournure nettement chrétienne : du moment qu'on les crut originaux, il devenait assez naturel de les incorporer dans l'office.

En certains endroits, ce n'était pas à matines, mais pendant la procession, qu'on les chantait, et parfois les exécutants en étaient costumés à l'antique, avec des masques tragiques, représentant le poète Virgile et les Sybilles. Tous ces usages disparurent au XVIe siècle.

Mais les principales adjonctions nouvelles, laissées à la libre disposition de chaque église, furent les *proses* et les *tropes*. Nous ne les étudierons pas en elles-mêmes : elles ne sont qu'une des branches, — la plus encombrée — de la littérature liturgique, et nous avons lu plus haut un exemple remarquable de prose pour la fête qui nous occupe. Elles donnèrent rapidement lieu à de nouveaux dérivés, de véritables drames parlés et surtout chantés, intercalés dans la liturgie.

La prose et le trope, compositions plus ou moins longues, soit interpolent un texte chanté déjà en usage, ou sont placées entre deux parties d'une fonction liturgique. Leur place hors-d'œuvre, pour ainsi dire, les amenait tout naturellement à se transformer, puis à disparaître.

L'un des plus célèbres tropes, et l'un des premiers composés, le fut précisément pour la fête de Noël : l'*Hodie cantandus est*, de Tutilon de Saint-Gall, au IXe siècle. C'est une sorte de prélude à l'introït de la messe du jour, auquel il ajoute quelque glose. Voici entre quels personnages les anciens manuscrits de l'abbaye dont il est originaire en partagent l'exécution (1) :

L'abbé et ses assistants :

Hodie cantandus est nobis puer, quem gignebat ineffabiliter ante tempora Pater, et eundem sub tempore generavit inclyta mater.	Aujourd'hui il nous faut chanter un enfant, engendré par le Père d'une manière ineffable avant les temps, et le même qu'une mère illustre mit au monde dans le temps.

(1) Cf. Dupoux. *Les Chants de la messe*, IV.

Les chantres :

Quis est iste puer, quem tam magnis praeconiis dignum vociferatis ? Dicite nobis, ut conlaudatores esse possimus.	Quel est cet enfant, que vous nous annoncez comme digne d'une grande renommée ? Dites-nous-le, afin que nous puissions le louer avec vous.

Les assistants :

Hic enim est, quem praesagus et electus symmysta Dei, ad terras venturum praevidens longe ante praenotavit sicque praedixit :	C'est celui que le prophète et l'élu initié aux mystères divins, annonça longtemps d'avance comme devant venir sur terre, et prédit ainsi :

Le chœur :

Puer natus est nobis,	Un enfant nous est né,

Les chantres, glosant :

Quem Virgo Maria genuit,	Que la Vierge Marie a engendré,

Le chœur :

Et filius datus est nobis, etc.	Et un fils nous a été donné, etc.

Des pièces de ce genre rappellent les dialogues du chœur de la tragédie antique, qui commente l'action plus qu'il n'y participe. Il n'y a qu'un pas à faire pour transformer ces chanteurs passifs en personnages actifs : ce fut l'affaire des deux ou trois siècles suivants.

Prenons exemple sur ce qui se passait à la cathédrale de Rouen vers le XIIIe siècle.

Après le chant du *Te Deum*, on commençait « l'office des Pasteurs ». Une crèche étant préparée en arrière de l'autel, cinq chanoines de haut rang ou leurs vicaires bénéficiers, vêtus d'aubes et d'amicts, entrent par la grande porte du chœur, se dirigeant vers l'abside ; ils remplissent le rôle des bergers. Un enfant « à la ressemblance de l'ange de la Nativité », leur chante d'en haut le verset : *Ne craignez point, voici que je vous annonce une bonne nouvelle*, etc. (Luc, II, 10, 11, 12), aussitôt plusieurs autres enfants placés dans les voûtes (ou peut-être plutôt les galeries), répondent d'une voix forte par l'antienne *Gloria in excelsis Deo, et in terra pax hominibus bonae voluntatis, alleluia.*

Les pasteurs alors reprennent leur marche, chantant chacun une strophe du *versus* suivant, paraphrase des réflexions que saint Luc met dans la bouche des bergers :

Pax in terris nunciatur In excelsis gloria : Terra coelo federatur Mediante gratia.	Paix est annoncée à la terre, et gloire dans les hauteurs : la terre est unie au ciel par le moyen de la grâce.
Mediator homo Deus Descendit in propria, Ut ascendat homo reus Ad admissa gaudia.	En médiateur, un homme-Dieu descend chez les siens, pour faire monter l'homme coupable vers les joies qu'il lui accorde.
Transeamus, videamus Verbum hoc quod factum est ; Transeamus, ut sciamus Hoc quod nunciatum est.	Passons donc, et voyons l'accomplissement de cette parole : passons, afin de connaître ce qui nous a été annoncé.

In Judaea puer vagit Puer salus populi, Quo bellandum se praesagit Vetus hospes saeculi.	En Judée l'enfant vagit, l'enfant salut de son peuple, où le vieil ennemi du monde se prépare à combattre.
Accedamus, accedamus Ad praesepe Domini Et dicamus, et dicamus Laus fecundae Virgini.	Approchons, approchons de la crèche du Seigneur : et disons, et disons la louange de la Vierge féconde.

Et comme refrain, les pasteurs répétaient : *Eia ! Eia !*

A la crèche, les attendent deux prêtres des « hautes stalles », vêtus de dalmatiques : — ici, le récit des apocryphes a fourni la mise en scène, — ces deux prêtres représentent les sages-femmes appelées par saint Joseph : « *Que cherchez-vous dans la crèche, pasteurs, dites ? — Le Sauveur, le Christ Seigneur enfant, enveloppé de langes, selon la parole angélique. — Le voici avec Marie sa mère* (reprennent les sages-femmes en ouvrant les « courtines ») *de laquelle Isaïe le prophète a dit autrefois :* (et montrant la mère :) *Voilà qu'une Vierge concevra et enfantera un fils ; allez donc et dites qu'il est né.* » Alors, les bergers s'inclinant adorent l'enfant, et saluent la mère :

Salve, Virgo singularis, Virgo manens, Deum paris ; Ante saecla generatum Corde Patris, Adoremus nunc creatum Carne Matris.	Salut, Vierge singulière, qui, restant Vierge, engendre un Dieu ; né avant tous les siècles dans le cœur du Père, nous l'adorons maintenant créé de la chair de la mère.

Nos, Maria, tua prece, A peccati purga fece : Nostri cursum incolatus Sic dispone, Ut det sua frui Natus Visione.	Par ta prière, Marie, délivre-nous de la noirceur du péché : et dispose de telle sorte le cours de notre vie, que ton Fils nous accorde de jouir de sa vision.

Et ils s'en retournent joyeux vers le chœur, annonçant : « *Alleluia, alleluia, nous savons vraiment que le Christ est né sur terre ; chantez-le tous avec les prophètes, disant : Un enfant nous est né* », et la suite de l'introït, car la messe commence.

Dans un autre drame de même origine, figuraient Moïse et les prophètes, un chœur de Juifs, un chœur de païens ; le costume et le masque de chaque acteur sont prévus dans le « livret », sous forme de rubriques.

Ici, tout est hiératique. Ce n'est pas encore une représentation, à proprement parler : on y arriva vite, et très problablement en Italie.

Déjà, depuis de très longs siècles, on avait l'habitude, dans les églises de Rome, et particulièrement à Sainte-Marie-Majeure, où le pape célébrait les vigiles de Noël, d'exposer au temps de cette fête une crèche richement ouvrée de bois doré ou argenté, et même d'or et d'argent très pur, à l'imitation sans doute de celle dont la piété du IVe siècle avait orné l'étable de Bethléem et, près d'elle, l'image de la Vierge tenant l'Enfant Jésus. Ces saintes représentations étaient l'objet d'un très grand culte, à Sainte-Marie-Majeure surtout, où l'on honorait, dans une chapelle dite de la Crèche, des reliques apportées de la grotte de Bethléem, fragments probablement de la pierre ou de l'argile qui formait la crèche originale du Sauveur (1), et actuellement placées dans l'autel.

Au début du XIIIe siècle, vers 1223, saint François d'Assise donna un très grand éclat à cette coutume d'exposer pour Noël une crèche avec une image de l'Enfant et de sa Mère. Laissons la parole à son biographe saint Bonaventure :

« Peu de temps avant sa mort, trois ans environ, il voulut célébrer à Greccio la fête de Noël avec le plus de solennité possible, afin d'exciter davantage la dévotion. Toujours prudent, il en demanda l'autorisation au Souverain Pontife, afin qu'on ne taxât pas de légèreté son entreprise. Puis, il fit préparer une crèche et apporter du foin, ordonnant qu'on amenât un bœuf et un âne. Les frères sont convoqués, la foule afflue, la forêt retentit de cris joyeux, et cette nuit sainte revêt une splendeur inouïe. Mille feux l'éclairent, et un concert d'hymnes harmonieuses en fait la plus belle des nuits. L'homme de Dieu se tient devant la crèche, pénétré de la piété la plus pure, et les larmes aux yeux. L'allégresse la plus vive inonde son cœur. Une messe solennelle est chantée à la crèche, saint François fait diacre et chante l'évangile. Puis, au peuple qui l'entoure, il prêche sur la naissance du Roi des pauvres,

(1) De là, une confusion qui s'est peu à peu produite au cours des âges. Le culte rendu aux reliques authentiques est passé à l'antique crèche de bois doré qu'on exposait jadis au moment de Noël, et on vénère actuellement des débris d'une de ces très anciennes crèches de bois comme provenant du berceau de Jésus.

à qui la tendresse de son amour ne peut décerner d'autre nom que celui de « petit Enfant de Bethléem ».

Les frères mineurs répandirent à l'envi cette innovation de leur saint fondateur, et bientôt, toutes les églises voulurent avoir, au moment de Noël, une représentation de l'étable de Bethléem, avec des personnages réellement vivants.

Les drames liturgiques allaient en recevoir un accroissement de faveur. Un manuscrit de Sienne nous décrit ainsi ce qu'on y observait pour la fête de Noël, vers la fin du moyen âge :

« Pour la fête de la Nativité du Christ, que l'on prépare bergers et brebis, chiens et cornemuses, et tout ce qui leur est nécessaire. En premier lieu, pendant la messe, un ange apparaîtra au-dessus de la cabane. Tenant une lumière en main, il entonnera au temps voulu, le *Gloria in excelsis Deo*. Le chœur répondra, et avec lui les anges qui seront derrière le rideau de l'estrade. Après l'*Ite Missa est,* un ange apparaîtra, et annoncera la fête. Quand il aura annoncé la fête, l'ange s'en ira parmi les bergers ; il se tiendra caché jusqu'après la naissance de Jésus.

« Quand l'ange aura fini son message, la Vierge Marie, Joseph et une servante iront se faire inscrire, puis reviendront sur l'estrade. Quand ils seront sur l'estrade et que tout sera prêt, deux anges écarteront le voile. Jésus naîtra alors.

« Quand Jésus sera né, l'ange réapparaîtra pour annoncer aux bergers ce qu'il doit annoncer. Subitement, au temps voulu, devant les bergers, se fera entendre un coup de tonnerre suivi d'un éclair. L'ange apparaîtra aux pasteurs ; de petits anges seront dans la cabane, en sortiront, et chanteront en chœur, et, avec beaucoup de révérences, adoreront le Seigneur. Pendant ce temps, les bergers danseront ; quand l'ange leur aura parlé, il les quittera pour se joindre aux autres anges dans la cabane. Ils chanteront quatre strophes du *Verbum caro* (1) ; pendant ce temps, on enveloppe de langes l'Enfant Jésus, puis les bergers viennent l'adorer. »

Ces jeux sacrés finirent par amener de tels abus en de nombreux pays, de France surtout, que l'autorité ecclésiastique dut sévir rigoureusement pour supprimer tout ou partie des fêtes « des fous », « des innocents », « de l'âne », que l'extension des mystères de Noël avait laissé aux enfants et aux étudiants toute liberté d'organiser au grand dommage de la piété et de la dignité.

Aussi, en bien des endroits, le drame liturgique, déchu de sa gravité première, sortit de l'église, et devint le mystère ou la pastorale, en même temps que le langage vulgaire prenait la place du latin. Ce n'était plus de la liturgie, c'était du théâtre, et souvent de la farce plus ou moins grossière.

(1) C'est une prose du bienheureux frère mineur Jacques de Benedictis (Jacopone), l'auteur des deux *Stabat mater*, celui du Calvaire et celui de la crèche.

V

LES NOËLS POPULAIRES

Enfin, le mystère de Noël fut l'origine d'un grand nombre de pièces populaires, écrites ordinairement en langue vulgaire, quelquefois en latin, parfois mêlées seulement de latin, et dont l'importance a été assez grande pour créer toute une littérature spéciale : le *Noël* (1).

Un manuscrit limousin du XIIe siècle nous a conservé ainsi un petit trope en langue vulgaire pour l'introït de Noël, et l'usage de semblables intercalations dut être fort répandu, car il a persisté, qui le croirait ? jusqu'à nos jours ; dans certains pays de la Bresse, à la messe de minuit, après la reprise de l'introït, un chœur de jeunes filles, placé dans une galerie, entonne :

(1) On consultera avec intérêt *Les Noëls français*, de Noël Hervé, et *Le Noël français*, de Frédéric Hellouin.

Chantons tous à la naissance
Du Rédempteur incarné :
Noé, Noé, Noé !
Puisque c'est notre croyance,
Chantons-lui le *Kyrie.*

Le chœur répond :

Kyrie eleison.

Adorons dans cette crèche,
Sa profonde humilité,
Noé, Noé, Noé !
C'est de là qu'il nous la prêche,
Redisons-lui *Kyrie.*

Le chœur : *Kyrie eleison.*

Et les neuf invocations sont ainsi tropées ; il n'y manque même pas, à la finale, l'invitation à chanter le *Gloria.*

Le noël populaire, incontestablement, a donc une origine liturgique ; mais, sorti de l'église, il fut souvent loin de garder sa dignité première. Nous avons de ces chants, soit en français, soit en provençal ou en d'autres dialectes parlés chez nous, depuis la fin du moyen âge.

De siècle en siècle ils se sont renouvelés, non sans garder parfois un *timbre* musical du temps jadis. Le célèbre noël, *Or dites-nous Marie,* des environs de l'an 1500, s'exécute sur un air de chanson du XVe siècle ; nombre de ces pièces exécutées entre le XVe et le XVIIIe siècle ont conservé des rythmes et des tonalités très caractéristiques du vieux plain-chant.

Certains de ces noëls sont fort touchants : c'est l'exception ; dans la plupart des cas, ils sont d'une naïveté qui verse trop souvent — et volontairement — dans le genre bouffon. A ce point de vue, l'influence littéraire de la fin du XVIIe siècle et du XVIIIe a été déplorable. Sous prétexte d'imiter la muse populaire, ou pour essayer d'en copier la grâce naïve, les auteurs ont fait de grossiers pastiches, souvent indécents, dans lesquels le souvenir de la fête n'était plus que le prétexte à réjouissances grivoises. Cela a tué le noël, malgré de louables essais modernes pour le relever.

Quelques-uns des vieux noëls sont d'une tenue assez sérieuse pour qu'on ait pu les introduire dans les recueils des catéchismes. Tout le monde connaît ainsi : *Venez divin Messie* (1) ; *Il est né le divin Enfant* (2) *Dans cette étable* (3) ; qui datent du commencement du XVIIIe siècle. Mais, si les paroles en sont orthodoxes, la mélodie a la plupart du temps une origine peu liturgique : le premier de ces chants s'exécute sur la pastorale *Laissez paître vos bêtes,* original de la ronde populaire : *Il était une bergère,* et le second sur une sonnerie de trompes du temps de Louis XIV.

Cette observation montre combien il a été dangereux de faire pénétrer à l'église, ou de ne pas l'en

(1) Julien Tiersot, dans la *Tribune de Saint-Gervais,* décembre 1905.

(2) Il a pour auteur le fameux abbé Pellegrin, le librettiste alors à la mode, celui dont on disait qu'il « dînait de l'église et soupait du théâtre », et qui fut mis en demeure de choisir par l'archevêque de Paris : il choisit le théâtre.

(3) Ce noël est de Fléchier, évêque de Nîmes.

rejeter, malgré les canons des conciles (1), le noël populaire, qui n'a pas été fait pour elle. Les plus dignes d'entre eux, dans l'esprit de leurs auteurs, sont des « chansons pieuses », ou des récréations chrétiennes.

La vraie place du noël, c'est au foyer, pendant la veillée ou à la fin du repas de la fête, pour l'amusement des petits enfants, et même des grands, ainsi qu'on en a conservé l'usage dans plusieurs pays français ou étrangers. Là, rien n'empêche de mélanger le plaisant au sévère, et de tempérer le sérieux par une grâce charmante, comme dans ce ravissant noël du XVIIe siècle :

Jésus dort paisiblement
Dans le beau sein de Marie ;
Aimable troupe, je vous prie,
Abordez-la doucement.
Tout doux, tout doux, amis ; allez au petit pas,
Ah ! Bergers, ne l'éveillez pas.

Notre pays n'a pas le monopole des noëls.

L'Italie a les *pastorelle, canti pastorali* ; l'Espagne,

(1) En 1725, un concile de la province d'Avignon, renouvelant des défenses portées précédemment, s'exprime ainsi : « Les chants que l'on a l'habitude de composer en langue vulgaire pour le temps des solennités de la naissance du Seigneur, en français *noëls*, et jusqu'ici tolérés, sont prohibés par ce saint Synode, parce qu'ils rabaissent l'explication des saints mystères, par des mélanges de choses risibles, beaucoup de vains bavardages, et des jeux de mots malsonnants. *Carmina pariter tempore Natalium Domini vernacula lingua componi solita,* gallice noëls, *et hucusque tolerata, tam prohibenda esse sancta Synodus credit, eò quòd integra sacri mysterii explicatio admixtione risibilium eventuum, multoque vaniloquio, et scurrili verborum lusu depravatur.* (*Tit.* XII, c. VIII.)

les *villancicos*; l'Angleterre, les *christmas'scarols*; les pays de langue allemande, les *weihnachtslieder*; la Pologne, les *kolyadiki*. C'est même un de ces chants polonais, des environs de l'an mil, qui est le plus ancien représentant des noëls populaires en langue vulgaire.

On en retrouve la coutume jusque sur les confins de l'Orient. Terminons cette étude par une pièce populaire roumaine, que nous avons lieu de croire inédite (1). Après tant de siècles, elle chante encore en Jésus le « *sol novus* », et sa teneur grave lui donne un accent pieux et liturgique, comme l'écho d'une hymne du IIIe siècle :

Seigneur Jésus-Christ, (2)
Tu es l'aurore très lumineuse,

Tu es le pur rayon
Et la lumière de vérité :

Car ta pitié, ô très bon !
Qui pourra la dire ?

Étant Dieu par nature,
Tu t'es fait homme

Pour notre salut,
Et nous faire échapper au péril.

Bien qu'étant grand roi,
Tu as supporté des peines amères,

(1) Elle nous a été aimablement communiquée par M. Dmitri Kiriac, professeur à Bucarest, que nous sommes heureux de remercier ici.

(2) *Doamne Isuse Christoase*
Tu esti zori prea luminoase.

Tu as enduré des supplices,
Par ta seule bonne volonté.

Et tu as voulu être crucifié
Pour nous donner l'immortalité.

O Jésus, monde de douceur,
Tu nous a sauvés par la croix

De la peine originelle
Et de la main du démon.

Nous te désirons, ô Christ,
De tout notre être altéré,

Comme le cerf qui aspire
Aux sources limpides.

APPENDICE

Le mot *Noël* est essentiellement français ; le nom liturgique de la fête du 25 décembre est *Natalis* ou *Nativitas Domini*, « Naissance du Seigneur ». On ne connaît pas l'origine du mot *Noël*, par lequel cette fête est désignée en France ; quelques-uns ont pensé qu'il vient du mot latin *Natalis*, par l'intermédiaire du dialecte méridional, qui en fit d'abord *Natal* ou *Nadal*. Cependant, il est plus probable que *Noël* vient de *novus*, et n'est qu'une forme spéciale du mot *nouvel*. On l'aurait adopté pour fêter ainsi le *nouvel* an, que l'on avait pris coutume autrefois, à l'imitation de l'Église, de commencer au 25 décembre.

Beaucoup de vieilles coutumes populaires se rattachent à cet usage, que soulignait le vieux cri de *au gui l'an neuf* ou *l'an nouvel*. Dans les différents dialectes provinciaux, nous trouvons en effet ce dernier mot sous diverses formes, comme *neu*, *neau* ou même *nau* dans l'ouest, *noei* ou *noé* en Bourgogne, *nouvé* dans le midi, et ailleurs *nouhel*, tous mots employés à peu près indifféremment pour *nouvel* ou pour *Noël*. A prendre le mot dans son sens strict, le terme de « fête de Noël », ou de « la Noël », signifierait donc « la nouvelle année ».

TABLE DES MATIÈRES

1445-06. — Imp. des Orph.-Appr., F. Blétit, 40, rue La Fontaine, Paris.

BIBLIOTHÈQUE NATIONALE R.F.

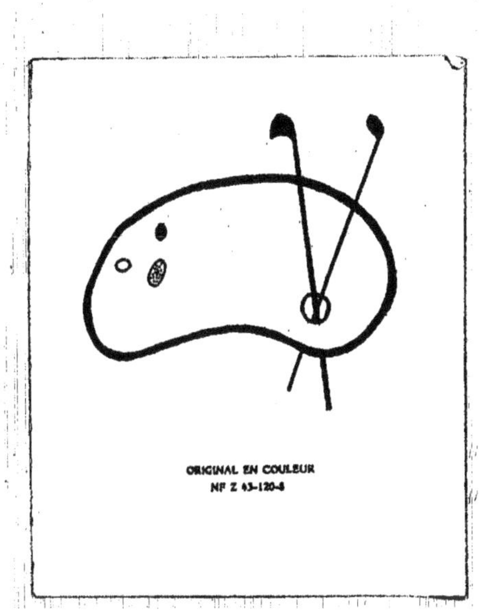
ORIGINAL EN COULEUR
NF Z 43-120-8

www.ingramcontent.com/pod-product-compliance
Ingram Content Group UK Ltd.
Pitfield, Milton Keynes, MK11 3LW, UK
UKHW020211200726
13856UKWH00004B/1324